škola - sukuu	2
putovanje - akwantuo	5
transport - ɛhyɛn	8
grad - kuropɔn	10
krajolik - asaase	14
restoran - adidibea	17
supermarket - dwakɛseɛmu	20
napitci - nsa	22
jelo - aduane	23
seosko gazdinstvo - afuo	27
kuća - efie	31
dnevna soba - ɛdan a wɔtena mu	33
kuhinja - gyaade	35
kupaonica - adwareɛ	38
dječija soba - abɔfra dan mu	42
odjeća - ataadeɛ	44
ured - ɔfise	49
gospodarstvo - sikasem	51
zanimanja - nnwuma ahodoɔ	53
alati - akadeɛ	56
glazbeni instrument - mfidie a wɔde bɔ nnwom	57
zoološki vrt - mmoakurabea	59
šport - agokansie	62
aktivnosti - dwumadie ahodoɔ	63
obitelj - abusua	67
tijelo - nipadua	68
bolnica - asopiti	72
hitni slučaj - putupru	76
zemlja - Ewiase	77
sat - mmerɛ kyerɛfoɔ	79
tjedan - nnawɔtwe	80
godina - afe	81
oblici - bɔbea	83
boje - ahosuo	84
suprotnosti - abirabɔ	85
brojevi - nɔma	88
jezici - kasa ahodoɔ	90
tko / što / kako - hwan/aden/ sɛn	91
gdje - hefa	92

Impressum
Verlag: BABADADA GmbH, Nedderfeld 112 , 22529 Hamburg
Geschäftsführer / Verlagsleitung: Harald Hof
Druck: Books on Demand GmbH, In de Tarpen 42, 22848 Norderstedt

Imprint
Publisher: BABADADA GmbH, Nedderfeld 112 , 22529 Hamburg, Germany
Managing Director / Publishing direction: Harald Hof
Print: Books on Demand GmbH, In de Tarpen 42, 22848 Norderstedt

škola
sukuu

- učionica — adesua dan mu
- dijeliti — kyɛmu
- ploča — bɔɔdo
- školsko dvorište — sukuu asaase
- učitelj — ɔkyerɛkyerɛni
- papir — krataa
- pisati — twerɛ
- kemijska olovka — twerɛdua
- pisaći stol — pono
- ravnalo — susudua
- knjiga — nwoma
- učenik — sukuuni

torba

baage

pernica

adeɛ wɔde twerɛdua hyɛ mu

grafitna olovka

twerɛdua

šiljilo za olovke

adea wɔde sensene twerɛdua ano

gumica za brisanje

rɔba

blok za crtanje

drɔɔwin nkrataa

crtež
droowin

kist
adeɛ a wɔde bɔ akaadoo mu

kutija s bojama
akaadoo adaka

makaze
apasoo

ljepilo
aduro a wɔde sɔ nnoɔma bɔ mu

bilježnica
krataa wɔyɛ dwumadie wɔ mu

domaći zadatak
efie adwuma

broj
nɔma

sabirati
ka bom

oduzimati
te frim

množiti
fabaho

računati
bo ho nkonta

slovo
atwerɛdeɛ

abeceda
atwerɛdeɛ

riječ
asɛm

škola - sukuu

tekst
atwerɛ

čitati
kan

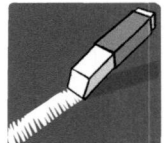
kreda
chalk

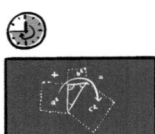
sat
adesua

dnevnik
krataa a din ahodoɔ wɔ mu

ispit
nsɔhwɛ

svjedodžba
nimdeɛ krataa

školska uniforma
sukuu ataadeɛ

obrazovanje
adesua

leksikon
encyclopedia

sveučilište
suapon kɛseɛ

mikroskop
afidie a wɔde hwɛ adeɛ aniwa ntumi nhunu

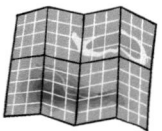
karta
asaase mfonin a ɛwɔ krataa so

košara za papir
kɛntɛn a wɔde krataa na ayɛ a wɔde nwura gu mu

škola - sukuu

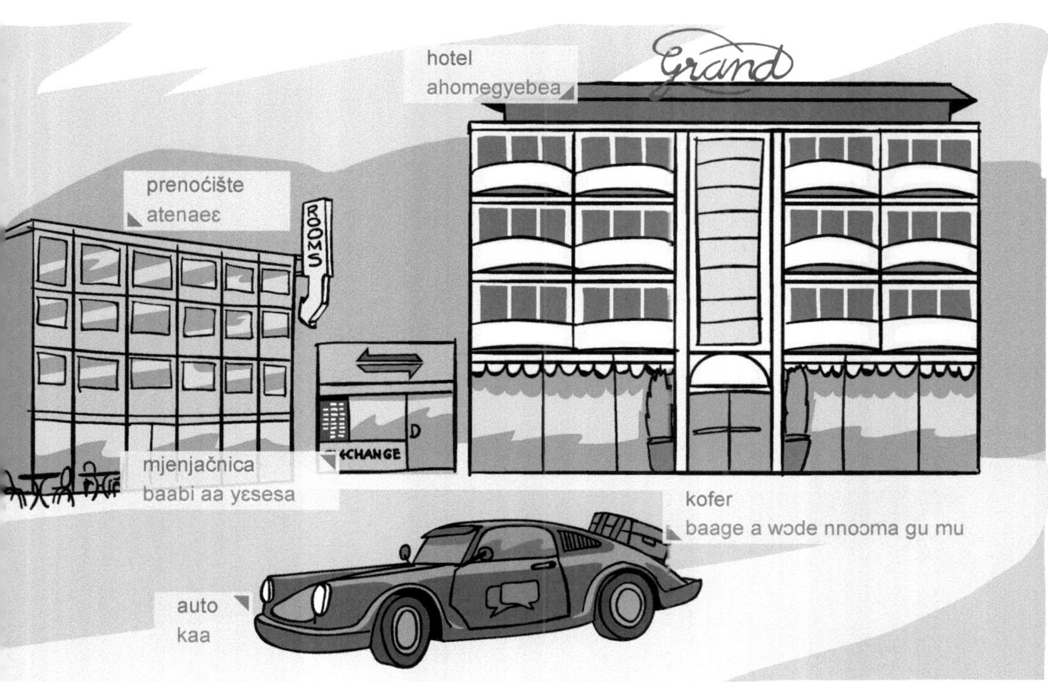

putovanje
akwantuo

hotel
ahomegyebea

prenoćište
atenaeɛ

mjenjačnica
baabi aa yɛsesa

kofer
baage a wɔde nnooma gu mu

auto
kaa

jezik
kasa

da / ne
aane / daabi

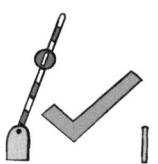

okay
Yoo

zdravo
hɛlo

prevoditelj
deɛ wɔkyerɛkyerɛ kasa ase

hvala
Medaase

putovanje - akwantuo

Koliko košta...?
... ɛyɛ sɛn?

ne razumijem
Menteaseɛ

problem
ɔhaw

dobro veče!
Maadwo!

Dobro jutro!
Maakye!

Laku noć!
Da yie!

doviđenja
nante yie

smjer
akwankyerɛ

prtljaga
nnooma a wɔde tu kwan

torba
kɔtɔkuo

ruksak
baage a yɛde bɔ yakyi

gost
ɔhɔhoɔ

soba
danmu

vreća za spavanje
bag a yɛda mu

šator
ntomadan

turističke informacije
adesrafoɔ nsɛm

plaža
po ano

kreditna kartica
krɛdit kaade

doručak
anopa aduane

ručak
awia aduane

večera
anwumerɛ aduane

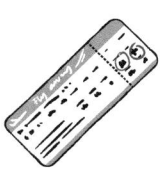

karta za vožnju
tikiti

dizalo
pagya

poštanska markica
agyinahyɛdeɛ

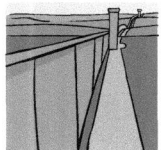

granica
ɛhyeɛ

carina
adwumayɛfoɔ a wɔgyina
aman mmienu hyeɛ so

ambasada
ɔman bi asoeɛ

viza
akwantuo krataa

putovnica
akwantuo krataa

putovanje - akwantuo

transport
ɛhyɛn

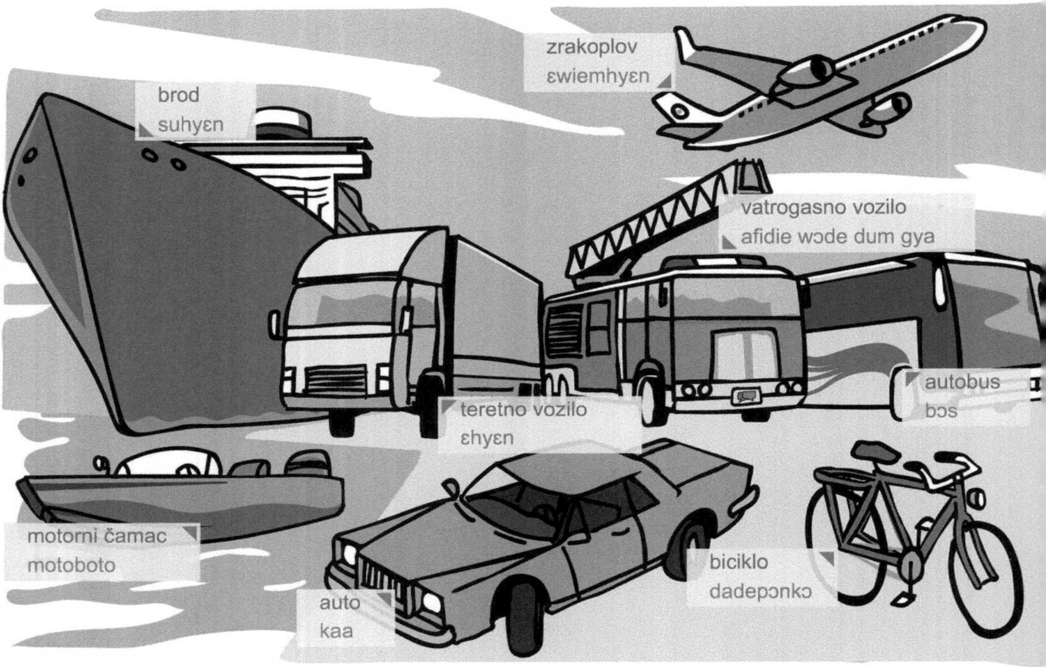

brod
suhyɛn

zrakoplov
ɛwiemhyɛn

vatrogasno vozilo
afidie wɔde dum gya

autobus
bɔs

teretno vozilo
ɛhyɛn

motorni čamac
motoboto

biciklo
dadepɔnkɔ

auto
kaa

trajekt
subonto

čamac
suhyɛn

motocikl
dadepɔnkɔ

policijski auto
apolisifoɔ kaa

trkaći auto
kaa a wɔde si akan

iznajmljeno auto
hyɛn aa yɛ hain

transport - ɛhyɛn

dijeljenje automobila

kaa a wɔde ma obi de di dwuma

vučno vozilo

kaa a wɔde twe ɛhyɛn a asɛe

vozilo za odvoz smeća

bɔɔla kaa

motor

moto

benzin

ngo

benzinska postaja

beaɛ a wɔtɔn pɛtro

prometni znak

trafik ahyɛnsodeɛ

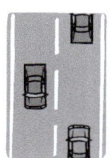

promet

trafik

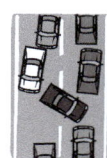

zastoj

ɛhyɛn ntumi nkɔ ntɛm

parkiralište

kaa gyinabea

kolodvor

keteke steshin

šine

ketekye kwan

vlak

ketekye

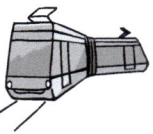

tramvaj

ketekye

vagon

afidie a wɔtena mu wɔ wiem tu kwan

transport - ɛhyɛn

helikopter | zrakoplovna luka | toranj
ewiemhyɛn | dadeɛanoma gyinabea | dan tentene

putnik | kontejner | karton
obi a wɔforo hyɛn | adaka | adaka

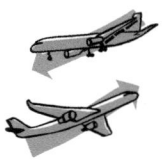

kolica | košara | uzletjeti / sletjeti
teaseɛnam | kɛntɛn | tu / si fam

grad
kuropɔn

selo | centar grada | kuća
akurase | kuropɔn hyiabea | efie

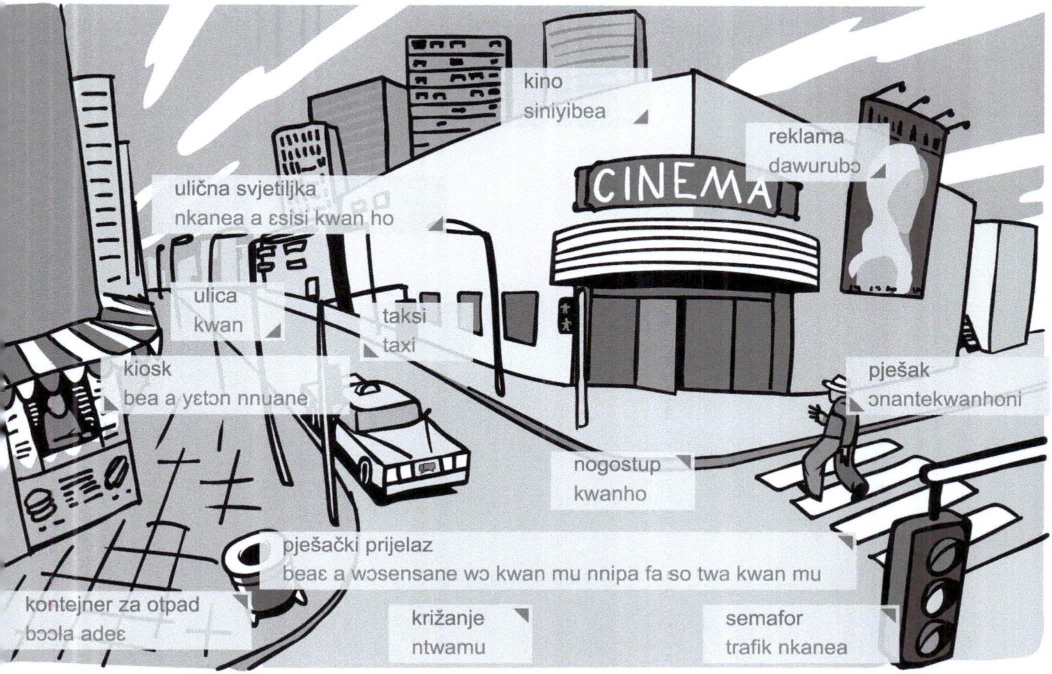

kino
siniyibea

reklama
dawurubɔ

ulična svjetiljka
nkanea a ɛsisi kwan ho

ulica
kwan

taksi
taxi

kiosk
bea a yɛtɔn nnuane

pješak
ɔnantekwanhoni

nogostup
kwanho

pješački prijelaz
beaɛ a wɔsensane wɔ kwan mu nnipa fa so twa kwan mu

kontejner za otpad
bɔɔla adeɛ

križanje
ntwamu

semafor
trafik nkanea

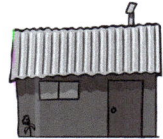

koliba

ntaabodan

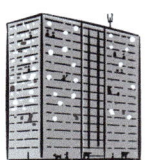

stan

tenabea

kolodvor

keteke steshin

vijećnica

kurom nhyiadanmu

muzej

mesiɔm

škola

sukuu

grad - kuropɔn

sveučilište

suapon kɛseɛ

banka

sikakorabea

bolnica

asopiti

hotel

ahomegyebea

ljekarna

beaɛ a wɔtɔn nnuro

ured

ɔfise

knjižara

beaɛ a wɔtɔn nwoma

prodavaonica

beaɛ a wɔtɔn adeɛ

cvjećara

nhwiren kuani

supermarket

dwakɛseɛmu

trg

dwamu

robna kuća

asoeɛ sotɔɔ

ribarnica

nnam tɔnfo

trgovački centar

adetɔ beae

luka

suhyɛn gyinabea

grad - kuropɔn

park
agodibea

klupa
akonnwa

most
nsamsɔ

stepenice
adeɛ wɔee foro aborosan

podzemna željeznica
asaasease

tunel
tɔkuro a w'atu no asaase
mu de ayɛ kwan

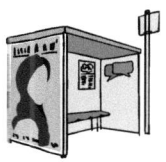

autobusna stanica
ɛhyɛn gyinabea

bar
nsanombea

restoran
adidibea

poštansko sanduče
krataa adaka

ulični znak
kwan ahyɛnsodeɛ

parkirni sat
kaagyinaho meta

zoološki vrt
mmoakurabea

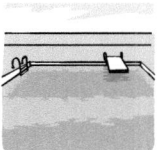

bazen
nsuo a wɔdware mu

džamija
masalakyi

grad - kuropɔn

seosko gazdinstvo	zagađenje okoliša	groblje
afuo	ewiem sɛeɛ	nsamanpɔ mu

crkva	igralište	hram
asore	agodibea	hyiadan

krajolik
asaase

list — ahaban
putokaz — akyerɛkyerɛkwan
put — kwan
livada — sare asaase
kamen — boba
drvo — dua
šetač — pipo so foronii
rijeka — asubontene
trava — nsensan
cvijet — nhwiren

krajolik - asaase

dolina
ɛbɔn

planina
bepɔ

jezero
sutadeɛ

šuma
kwaeɛ

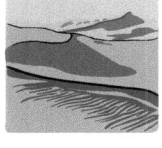
pustinja
ɛserɛ so

vulkan
egya a ɛfiri bepɔ mu ba

dvorac
ahenfie

duga
nyankontɔn

gljiva
mmire

palma
abɛdua

moskito
ntontom

muha
wasena

mrav
ntatea

pčela
wowa

pauk
ananse

krajolik - asaase

buba	žaba	vjeverica
kukurubibi	apɔnkyerɛnee	opuro

jež	zec	sova
kotoko	adanko	patuo

ptica	labud	divlja svinja
anomaa	dabodabo	kɔkɔte

jelen	los	nasip
wansane	torɔm	sutadeɛ

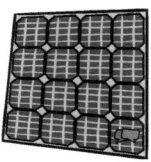

vjetrenjača	solarna ploča	klima
mframa tɛɛbain	adeɛ ɛtwe anyinam ahoden firi awia mu	ewiem

krajolik - asaase

restoran
adidibea

konobar
barima a wɔsom wɔ beaɛ a wɔtɔn aduane

jelovnik
aduane ahodoɔ wɔtɔn

stolica
akonwa

pica
pizza

supa
nkwan

stolnjak
ntoma a wɔde kata ɛpono so

pribor za jelo
atere ne nsikan a wɔde didie

predjelo
ahyɛasɛɛ

glavno jelo
aduane titriw

desert
nnɔkɔnnɔkwade

napitci
nsa

jelo
aduane

boca
toa

restoran - adidibea

fastfood
aduane wɔyɛ no ɔhare so

imbis hrana
aduana a ɛyɛ kwan ho

čajnik
tea kukuo

doza za šećer
asikyire kyɛnsen

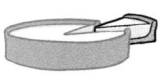

porcija
fa

aparat za espresso
espresso afidie

visoka stolica
akonwa tenten

račun
ka krataa

pladanj
apanpan

nož
sikanmoa

vilica
adinam

žlica
atere

čajna žlica
tea atere

ubrus
ntoma a wɔde sɛ pono so

čaša
ahwehwɛ

restoran - adidibea

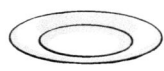
tanjur
plɛɛte

tanjur za supu
nkwan plɛɛte

tanjurić
plɛte ketewa

sos
frɔyɛ

soljenka
nkyene kukuo

mlin za biber
adeɛ a wɔde twi mako

ocat
vinegar

ulje
anwa

začini
atosodeɛ

kečap
ketchup

senf
sinapi aba

majoneza
mayonis

restoran - adidibea

supermarket
dwakɛseɛmu

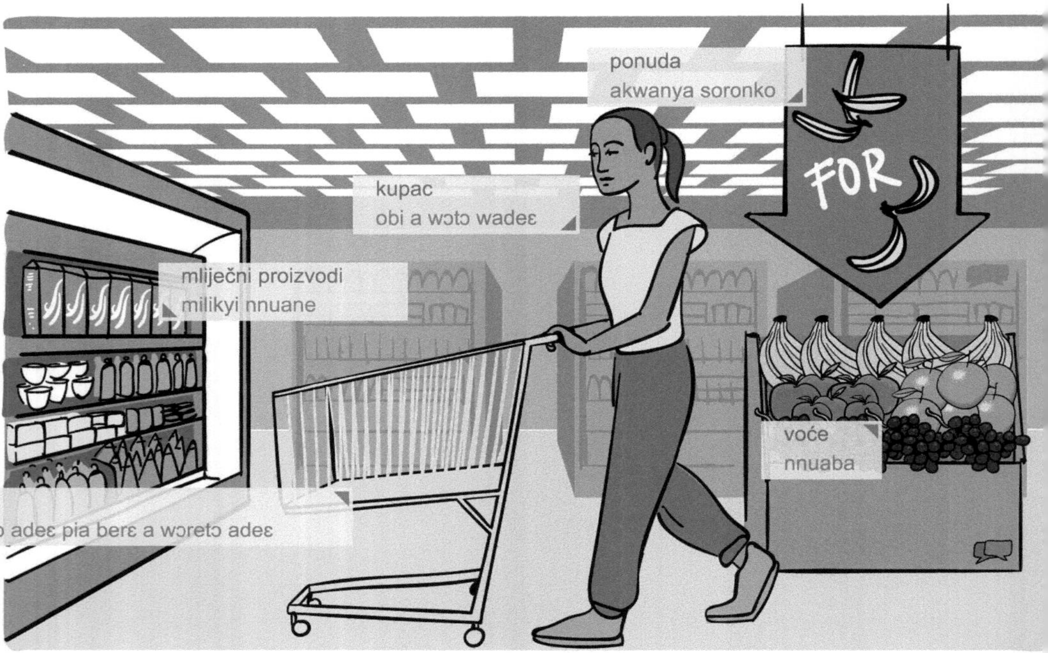

ponuda
akwanya soronko
FOR
kupac
obi a wɔtɔ wadeɛ
mliječni proizvodi
milikyi nnuane
voće
nnuaba
ɛtɔ adeɛ pia berɛ a wɔretɔ adeɛ

BUTCHERS

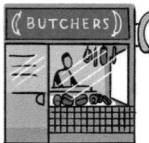

mesnica

nnamtwafo

BAKERY

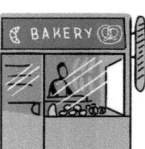

pekarnica

brodotofo

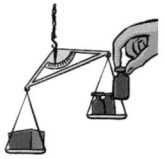

vagati

susu

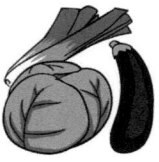

povrće

atosodeɛ

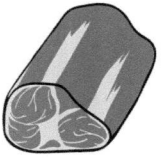

meso

nnam

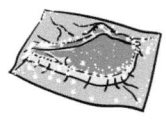

duboko smrznuta hrana

aduane a wɔde ahyɛ sukɔtwea adaka mu

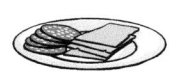
narezak
nnam a yɛy nwunu

konzerve
nnuane a ɛwɔ konku mu

sredstvo za pranje
aduro a wɔde si nnooma

slatkiši
adɔkɔkɔdɔkɔdeɛ

artikli za domaćinstvo
efie nnooma

sredstva za čišćenje
nnuro a wɔde hohoro
nnooma ho

prodavačica
adetɔni

blagajna
adeɛ a wɔgye sika de gu mu

blagajnik
obi a wɔhwɛ sika so

lista za kupnju
nnooma a wobɛtɔ

vrijeme rada
mmerɛ a ɔmo de bue

novčanik
kotokuo

kreditna kartica
krɛdit kaade

torba
bɔtɔ

plastična vrećica
rɔba bɔtɔ

supermarket - dwakɛseɛmu

napitci
nsa

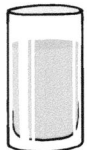
voda
nsuo

sok
aduaba mu nsuo

mlijeko
milikyi

cola
coke

vino
nsa

pivo
beer

alkohol
nsaden

kakao
kookoo

čaj
tea

kava
kɔfe

espresso
espresso

cappuccino
cappuccino

jelo
aduane

banana
kwadu

jabuka
aprɛ

naranča
akutuo

lubenica
mɛlɔn

limun
akutuo

mrkva
karɔt

češnjak
galeke

bambus
mpampuro

luk
gyeene

gljiva
mmire

orašasti plodovi
nkateɛ

rezanci
talia

špagete
talia

riža
ɛmo

salata
salad

pomfrit
kyips

pečeni krumpir
aborodwomaa w'akye

pica
pizza

hamburger
hamburger

sendvič
sandwich

šnicla
ntwetwade

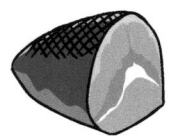

pršut
prɛko nam

salama
salami

kobasica
sɔsegye

kokoš
akokɔnam

pečenje
toto

riba
nsuomunam

jelo - aduane

zobene pahuljice
oats koko

musli
muesli

kukuruzne pahuljice
cornflakes

brašno
esam

roščić
croissant

pecivo
brodo a yabobɔ

kruh
brodo

toast
hɔ

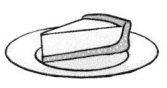
keksi
biskit

maslac
bɔta

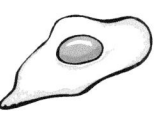
svježi sir
koko

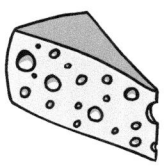
kolač
ɔfam

jaje
kosua

jaje na oko
kosua a yakye

sir
kyeese

jelo - aduane

25

sladoled	šećer	med
ise krim	asikyire	ɛwoɔ

marmelada	nugat krema	curry
ɛam	kyɔkolate a wɔde yɛ aduane mu	kɔri

jelo - aduane

seosko gazdinstvo
afuo

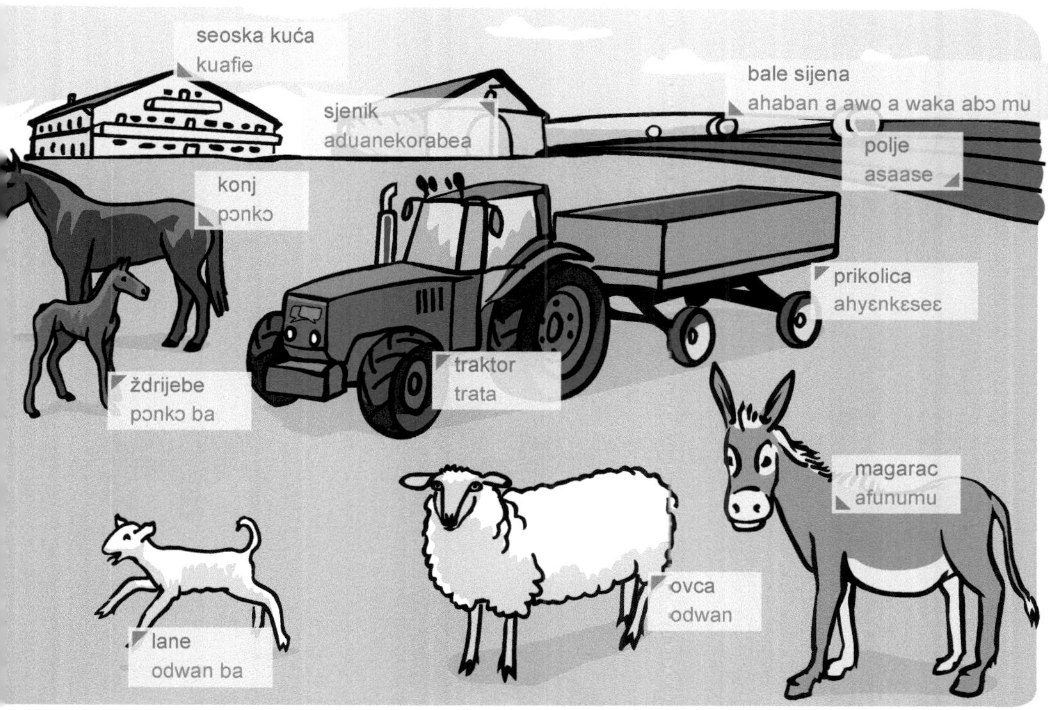

seoska kuća — kuafie
sjenik — aduanekorabea
konj — pɔnkɔ
ždrijebe — pɔnkɔ ba
traktor — trata
bale sijena — ahaban a awo a wakə abɔ mu
polje — asaase
prikolica — ahyɛnkɛseɛ
magarac — afunumu
ovca — odwan
lane — odwan ba

koza
apɔnkye

krava
nantwie

tele
nantwie ba

svinja
prɛko

prase
prɛko ba

bik
nantwinini

guska
dabodabo

patka
dabodabo

pilići
akokɔba

kokoš
akokɔbedeɛ

pijetao
akokɔnini

pacov
akura

mačka
agyinamoa

miš
akura

vol
nantwi

pas
ɔkraman

kućica za psa
kramanfie

vrtno crijevo
drobɛn a wɔde nsuo fa mu gugu nnoɔma so

kanta za polijevanje
toa wɔde nsuo gu mu de gugu nnoɔma so

kosa
kantankrankyi

plug
afidie a wɔde funtum asaase ani

seosko gazdinstvo - afuo

srp
sɔsɔwa

motika
asɔ

vilica za gnojivo
fɔɔki kɛseɛ

sjekira
akuma

tačke
hweebaro

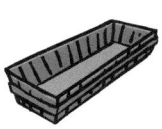
korito
adea mmoa didi mu

posuda za mlijeko
milikyi konku

vreća
kotoku

ograda
ɛban

štala
mmoa dan

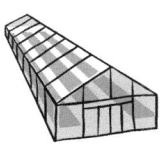
staklenik
nnuaba dan mu

zemlja
anwea

sjeme
aba

gnojivo
nnuro a wɔde gu mfudeɛ ho

kombajn
nnuanetwa kaa kɛse

seosko gazdinstvo - afuo

žanjati
twa

žetva
mfudeɛ

yams začin
bayerɛ

pšenica
ayuo

soja
soya

krumpir
aborɔdwomaa

kukuruz
aburo

uljana repica
rapedua aba

voćka
aduaba dua

gomolj manioke
bankye

žitarice
aburo aduane

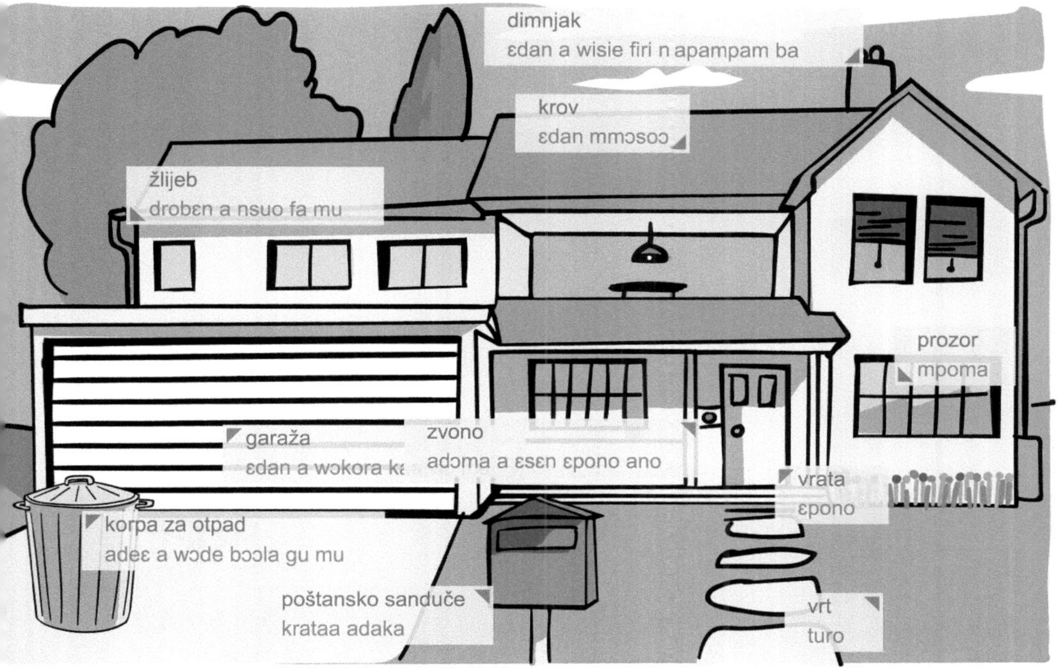

kuća
efie

- dimnjak — ɛdan a wisie firi n apampam ba
- krov — ɛdan mmɔsoɔ
- žlijeb — drobɛn a nsuo fa mu
- prozor — mpoma
- garaža — ɛdan a wɔkora kɛ
- zvono — adɔma a ɛsɛn ɛpono ano
- vrata — ɛpono
- korpa za otpad — adeɛ a wɔde bɔola gu mu
- poštansko sanduče — krataa adaka
- vrt — turo

dnevna soba
ɛdan a wɔtena mu

kupaonica
adwareɛ

kuhinja
gyaade

spavaća soba
piam

dječija soba
abɔfra dan mu

trpezarija
ɛdan a wɔdidi wɔ mu

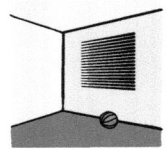

pod
fam

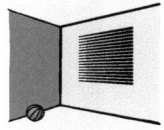

zid
ɛban

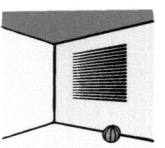

strop
siilin

podrum
ɛdan a ɛhyɛ fam

sauna
beaɛ a wɔkɔto hyew

balkon
pɔɔkye

terasa
asaase a wafuntum na wɔde dua nnɔbaeɛ

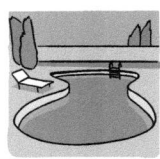

bazen
nsuo a wɔdware mu

kosilica za travu
afidie a wɔde dɔ

posteljina za krevet
krataa

deka za krevet
nnasoɔ

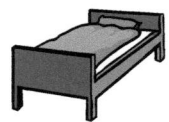

krevet
mpa

metla
praeɛ

kanta
bɔkiti

sklopka
deɛ wɔde sɔ kanea

kuća - efie

dnevna soba
ɛdan a wɔtena mu

tapeta
mfonin a wɔde fam dan hɔ

slika
mfoni

svjetiljka
kanea

regal
beaɛ wɔkora nwoma

ɔrmar
kɔbɔd

kamin
beaɛ egya wɔ

televizija
tɛlɛfishin

cvijet
nhwiren

jastuk
kushin

kauč
akonwa

vaza
nhwiren toa

daljinski upravljač
rɛmotu

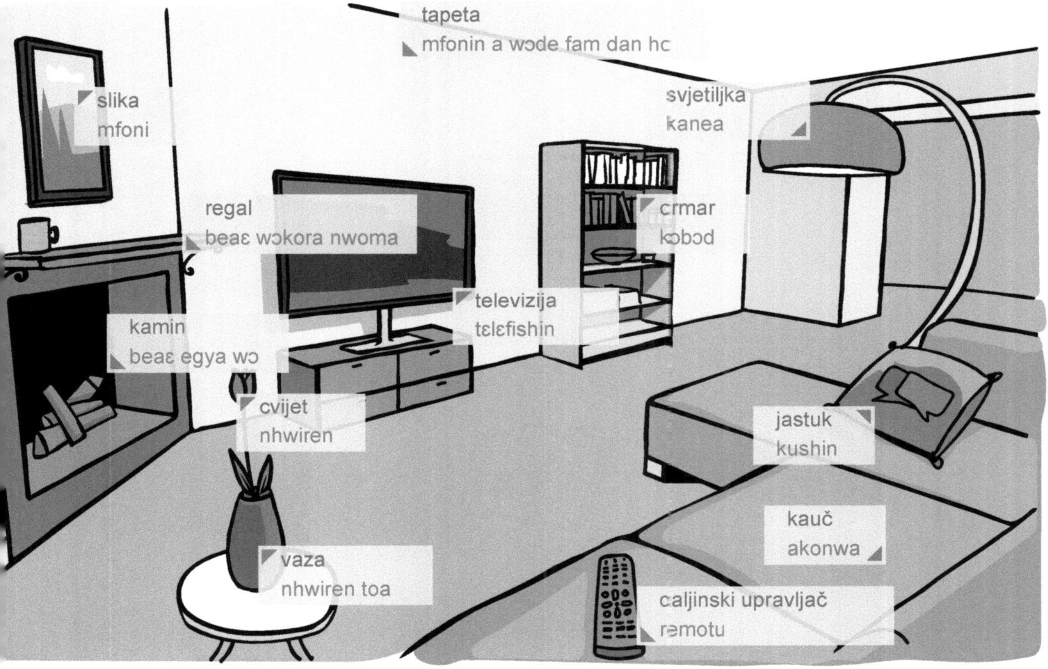

tepih
kapɛt

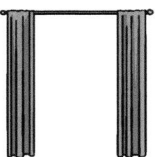

zavjesa
kɛtin

stol
pono

stolica
akonwa

stolica za njihanje
akonwa aa ɛkɔ anim ne akyi

fotelja
nsaakonwa

dnevna soba - ɛdan a wɔtena mu

knjiga
nwoma

deka
kuntu

dekoracija
beaɛ asiesie

drvo za ogrjev
egya

film
mfoni

stereo uređaj
hi-fi afidie

ključ
safoa

novine
dawurubɔ krataa

slika na platnu
akaado

poster
mfoni

radio
akasanoma

blok za pisanje
nwoma a wɔtwerɛ nsɛmpɔ gu mu

usisavač
afidie a wɔde pra mfuturo

kaktus
cactus

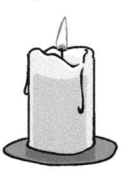

svijeća
kandele

dnevna soba - ɛdan a wɔtena mu

kuhinja
gyaade

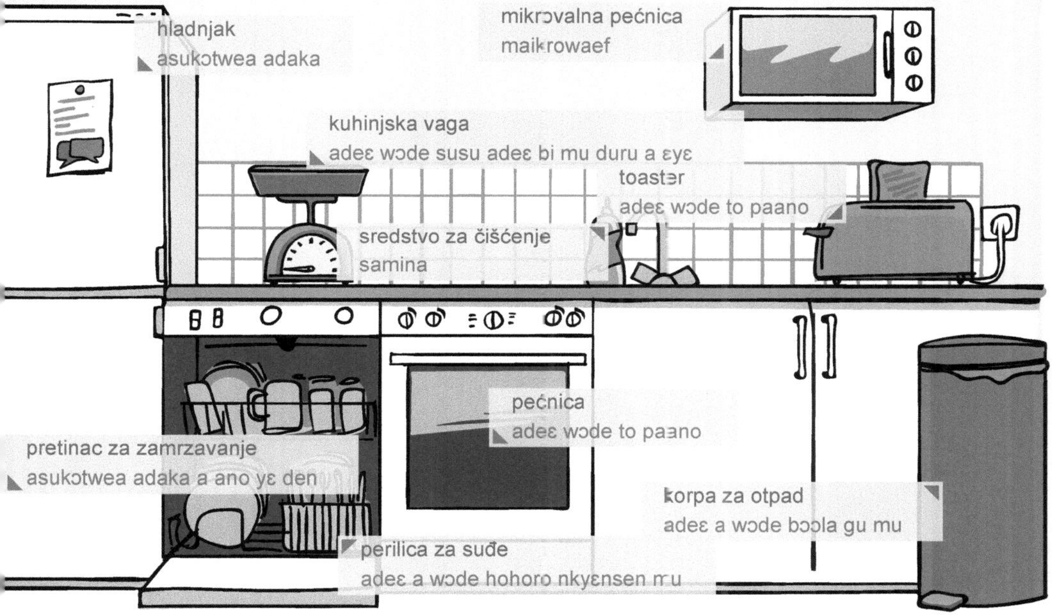

hladnjak
asukɔtwea adaka

mikrɔvalna pećnica
maikrowaef

kuhinjska vaga
adeɛ wɔde susu adeɛ bi mu duru a ɛyɛ

toastɜr
adeɛ wɔde to paano

sredstvo za čišćenje
samina

pećnica
adeɛ wɔde to paano

pretinac za zamrzavanje
asukɔtwea adaka a ano yɛ den

korpa za otpad
adeɛ a wɔde bɔɔla gu mu

perilica za suđe
adeɛ a wɔde hohoro nkyɛnsen mu

štednjak
adeɛ a wɔde noa aduane

lonac
kukuo

željezni lonac
dadesɛn

wok / kadai
wok / kadai

tava
pan

kuhalo za vodu
adeɛ wɔde noa nsuo

 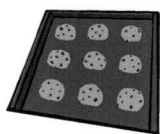 

kuhalo na paru	lim za pečenje	posuđe
nea yɛde ka aduane hye	adeɛ wɔto so paano	nkyɛnsen a wɔdidi mu

čaša	zdjela	štapići za jelo
kuruwa	kyɛnsen	nnua a wɔde didie

kutljača	lopatica	pjenjača
kwantere	atere	adeɛ wɔde nu adeɛ mu

sito za kuhanje	sito	ribež
sɔneɛ	sɔneɛ	adeɛ a wɔde twi adeɛ

mužar	roštilj	ognjište
waduro	adeɛ a wɔde toto nam	egya a biribiara mmɔ ho ban

kuhinja - gyaade

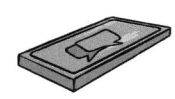

daska
deɛ a wɔtwitwa so nnɔɔma

oklagija
adea wɔde twi nnɔɔma

vadičep
adeɛ a wɔde tu toa ano

konzerva
konku

otvarač konzervi
adeɛ wɔde bie konku so

krpa za lonac
nea yɛde sɔ kukuo mu

sudoper
adeɛ a wɔhohoro nkyɛnse wɔ mu

četka
adeɛ a wɔde twitwi

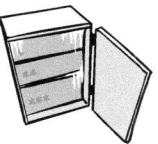

spužva
sapɔ

mikser
afidie wɔde yam nnuane

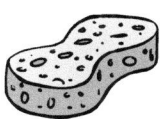

zamrzivač
asukɔtwea adaka a ano yɛ den

bočica za bebe
abɔfra toa

slavina za vodu
nsuo

kuhinja - gyaade

kupaonica
adwareɛ

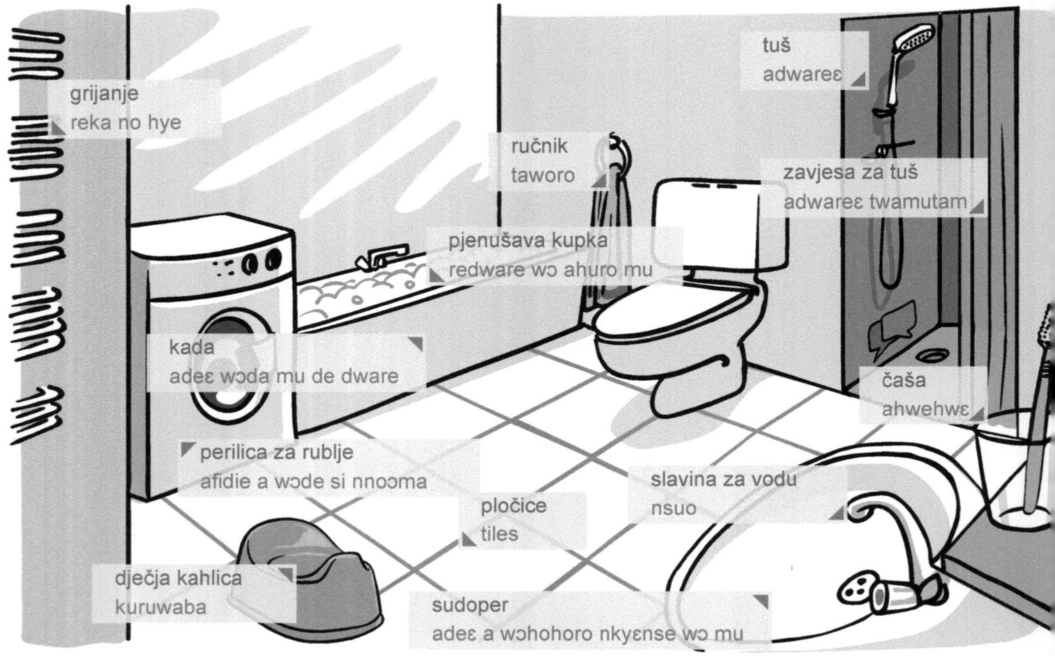

- tuš — adwareɛ
- grijanje — reka no hye
- ručnik — taworo
- zavjesa za tuš — adwareɛ twamutam
- pjenušava kupka — redware wɔ ahuro mu
- kada — adeɛ wɔda mu de dware
- čaša — ahwehwɛ
- perilica za rublje — afidie a wɔde si nnooma
- pločice — tiles
- slavina za vodu — nsuo
- dječja kahlica — kuruwaba
- sudoper — adeɛ a wɔhohoro nkyɛnse wɔ mu

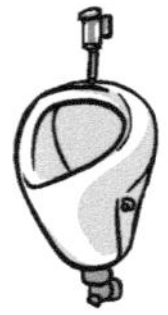

toalet	čučavac	bidet
agyananbea	agyananbea a wɔkotoso	bidet

pisoar	papir za toalet	četka za toalet
dwonsɔbea	tiafi krataa	adeɛ a wɔde twitwi agyanbea

kupaonica - adwareɛ

četkica za zube
adeɛ wɔde twitwiri ɛse

pasta za zube
aduro wɔde twitwiri ɛse

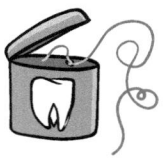
konac za zube
adeɛ wɔde yiyi ɛse ntam

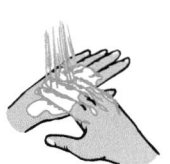
prati
si

tuš ručica
adeɛ wɔsɔ mu de dware

tuš za pranje intimnih dijelova
adeɛ nsuo fa mu na wɔde hohoro mmaa ase

lavor
adeɛ wɔsi nnooma wɔ mu

četka za pranje leđa
adeɛ wɔde twitwi yakyi

sapun
samina

gel za tuširanje
adwareɛ samina

šampon
deɛ wɔde hohoro tirinwii mu

krpa za pranje
ntoma wɔde asaawa na ayɛ

odvod
nsuokwan

krema
nkuu

dezodorans
aduro a wɔde fa mmɔtoamu

ogledalo

ahwehwɛ

kozmetičko ogledalo

ahwehwɛ kumaa

brijač

yiwan

pjena za brijanje

aduro a wɔde yi

losion za poslije brijanja

aduro a wɔde sera beaɛ wayi

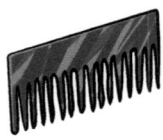

češalj

afe

četka

brɔsh

sušilo za kosu

afidie a wɔde ka nwii ma no wo

sprej za kosu

adeɛ wɔde aduro gu mu de gu nwii so

makeup

adeɛ wɔde yɛn wɔn anim

ruž za usne

adeɛ wɔde keka ano

lak za nokte

aduro a wɔde ka mmɔwerɛ so

vata

asaawa

škare za nokte

apasoɔ a wɔde twitwa mmɔwerɛ

parfem

aduham

kupaonica - adwareɛ

neseser
baage a wɔde nnooma gu mu wɔ adwareɛ

stolica
akonwa

vaga
afidie a wɔde susu adeɛ bi mu duro

ogrtač
ataadeɛ wɔhyɛ berɛ a wɔrekɔdware

rukavice za čišćenje
adeɛ wɔde hyɛ wɔn nsa a wɔde rɔba na ayɛ

tampon
adeɛ wɔde twe nsuo firi pirakuro mu

uložak
eɛ mmaa de siesie wɔn ho berɛ wɔn abu wɔn nsa

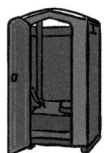

kemijski toalet
agyananbea a wɔde nnuro kora

kupaonica - adwareɛ

dječija soba
abɔfra dan mu

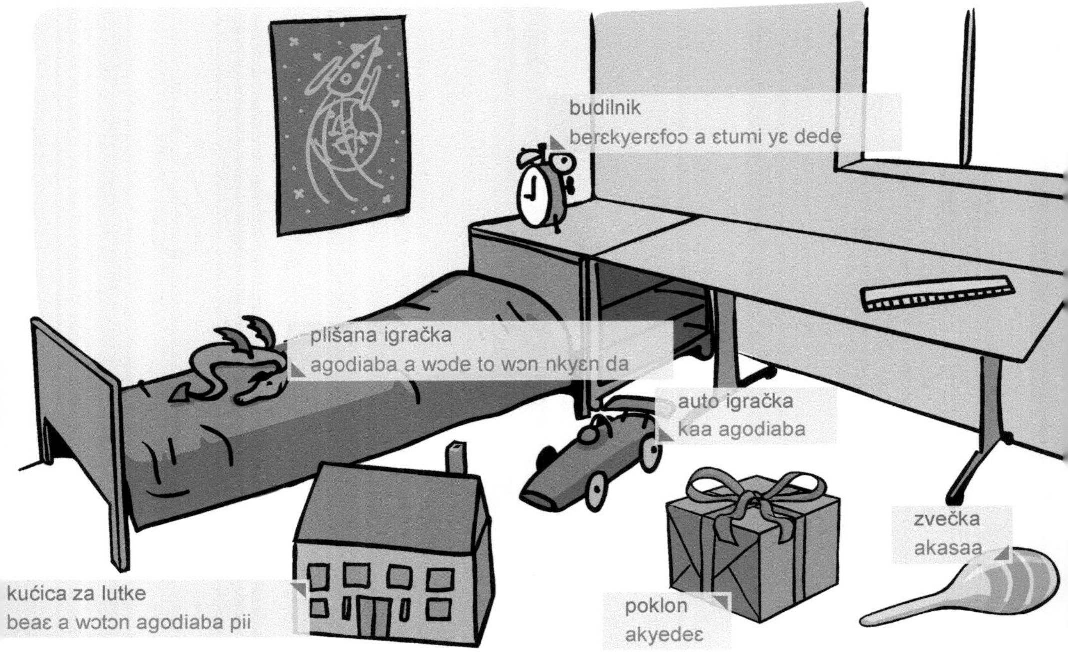

budilnik
berɛkyerɛfoɔ a ɛtumi yɛ dede
plišana igračka
agodiaba a wɔde to wɔn nkyɛn da
auto igračka
kaa agodiaba
zvečka
akasaa
kućica za lutke
beaɛ a wɔtɔn agodiaba pii
poklon
akyedeɛ

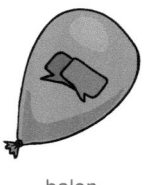

balon

baluu

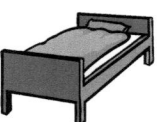

krevet

mpa

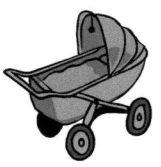

dječija kolica

adeɛ a wɔde mmɔfra to mu pia wɔn

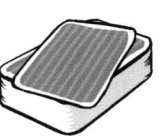

igra s kartama

nkrataa a ɛhyɛ adaka mu

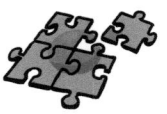

slagalica

mfonin asiniasini a wɔkeka si ani hyehyɛ

SUPER MEGA

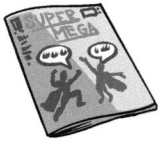

strip

mmɔfra aseresɛm nwoma

lego kockice

lego bricks

kockice za slaganje

blɔks a wɔde si dan

akcioni junak

mmɔfra agodiaba

kombinezon za bebe

mmɔfra ataade a wɔayɛ abɔ mu

frizbi

frisbee

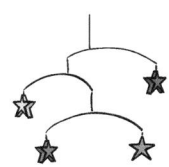

viseće igračke

agodiaba a wɔde sensɛne mmɔfra mpa so

društvene igre

agorɔ a ɛwɔ pono so

kocka

ludu aba

minijaturna željeznica

ketekye ketewa

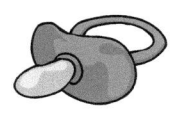

duda

adeɛ a wɔde hyɛ mmɔfra anumu

tulum

apontoɔ

slikovnica

krataa mfonin wɔ mu

lopta

bɔɔlo

lutka

agodiaba

igrati

di agorɔ

dječija soba - abɔfra dan mu

pješčanik

adeɛ wɔde anwea agu mu a mmɔfra di mu agorɔ

ljuljačka

adonko

igračka

agodiaba

konzola za igre

afidie abɛɛfo agodie wɔ so a wɔbɔ

tricikl

dadepɔnkɔ a ne nan yɛ mmiensa

plišani medo

sisire agodiaba

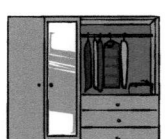

ormar

wɔdrop

odjeća
ataadeɛ

kratke čarape

adeɛ a wɔhyɛ ansa na wahyɛ mpaboa

čarape

ataade tenten a wɔhyɛ wɔ wɔn nan ho

hulahopke

ataadeɛ a ɛkyekyere deɛ wahyɛ no

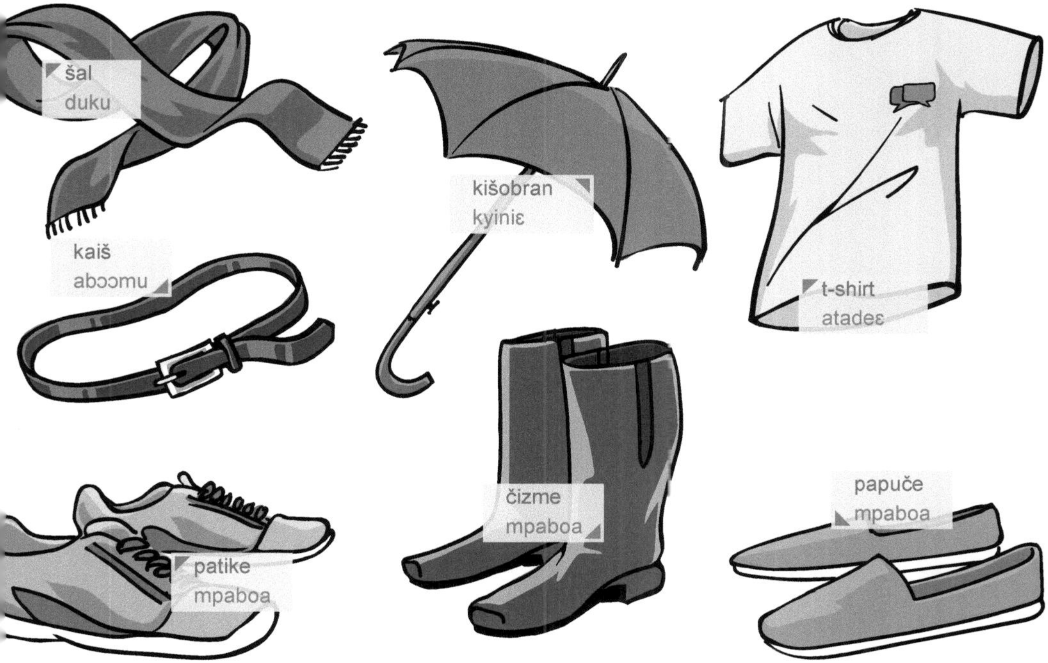

šal
duku

kaiš
abɔɔmu

kišobran
kyiniɛ

t-shirt
atadeɛ

čizme
mpaboa

papuče
mpaboa

patike
mpaboa

sandale
mpaboa

cipele
mpaboa

gumene čizme
rɔba mpaboa

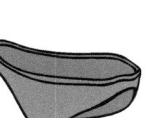

gaćice
drɔs

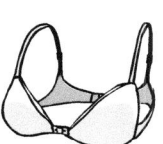

grudnjak
adeɛ mmaa hyɛ de kora
wɔn nufu

potkošulja
fɛst

odjeća - ataadeɛ

bodi
nipadua

hlače
trɔsa

džins
gyins

haljina
skɛɛte

bluza
mmaa ataade soro

košulja
ataadesoro

džemper
swata

pulover s kapuljačom
ataadeɛ a ɛkyɛ wɔ mu

blejzer
kootu

jakna
ataade ngusoɔ

kaput
kootu

kabanica
ataadeɛ wɔhyɛ berɛ nsuo retɔ

kostim
ataadehyɛ

haljina
ataadeɛ

vjenčanica
ayifrɔ atadeɛ

odjeća - ataadeɛ

odijelo
ataade nkatasoɔ

spavaćica
ataadeɛ a yɛhyɛ de da

pidžama
pigyamas

sari
sari

rubac
duku

turban
duku

burka
ataadeɛ Nkramofoɔ mmaa
hyɛ na ɛkata wɔn tiri so de
kɔsi wɔn nan ase

kaftan
kaftan

abaja
abaya

kupaći kostim
ataadeɛ a wɔhyɛ de dware
nsuo mu

kupaće gaćice
nika

kratke hlače
nika

odjeća za trening
traksuit

pregača
ntoma a wɔde kata wɔn
kɔnmu berɛ wɔreyɛ aduane

rukavice
adeɛ wɔde hyɛ wɔn nsa

odjeća - ataadeɛ

gumb
batin

naočale
ahwehwɛniwa

narukvica
adeɛ wɔde to wɔn nsa

ogrlica
kɔnmuade

prsten
kawa

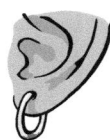

naušnica
asomadeɛ

kapa
ɛkyɛ

vješalica
adeɛ a wɔde kootu hyɛ so

šešir
ɛkyɛ

kravata
abɔɔmenemu

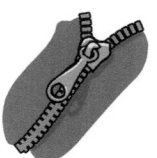

patent zatvarač
zip

kaciga
ɛkyɛ a wɔhyɛ de twi motosakre

naramenice
bresis

školska uniforma
sukuu ataadeɛ

uniforma
ataadeɛ

48   odjeća - ataadeɛ

podbradak
adeɛ a wɔde gu abɔfra kɔn mu berɛ a wɔredidi

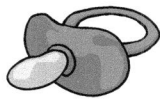
duda
adeɛ a wɔde hyɛ mmɔfra anumu

pelena
moase tam

ured
ɔfise

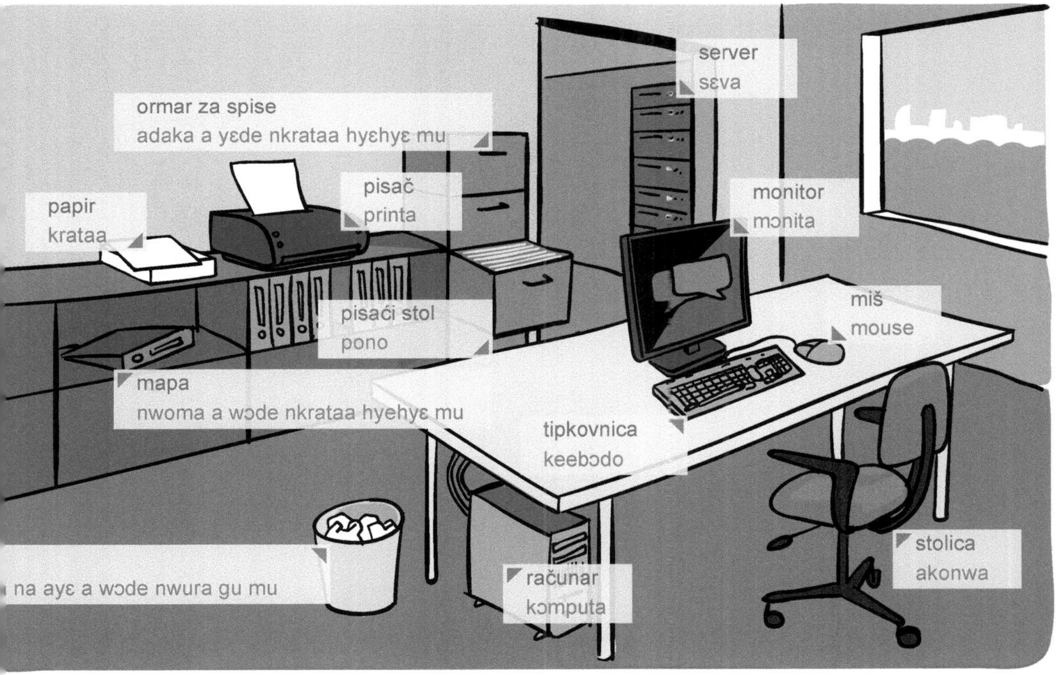

- server / sɛva
- ormar za spise / adaka a yɛde nkrataa hyɛhyɛ mu
- pisač / printa
- papir / krataa
- monitor / mɔnita
- pisaći stol / pono
- miš / mouse
- mapa / nwoma a wɔde nkrataa hyɛhyɛ mu
- tipkovnica / keebɔdo
- na ayɛ a wɔde nwura gu mu
- računar / kɔmputa
- stolica / akonwa

šalica za kavu
kɔfe kuruwa

kalkulator
afidie a wɔde bu nkɔnta

internet
intanɛt

ured - ɔfise

laptop
laptɔp

pismo
krataa

poruka
nkratoɔ

mobilni telefon
mobile

mreža
nɛtwɛk

uređaj za kopiranje
fotokɔpia

softver
sɔftwɛɛ

telefon
tetefon

utičnica
plɔg sɔkɛti

faks
fax afidie

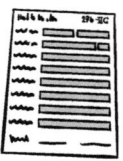
obrazac
krataa

dokument
krataa

ured - ɔfise

gospodarstvo
sikasem

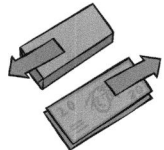
kupovati
tɔ

platiti
tua

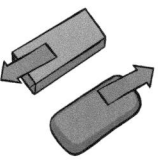
trgovati
tɔn

novac
sika

dolar
dollar

euro
euro

jen
yen

rubalj
rouble

švicarski franak
Swiss franc

renmindbi yuan
renminbi yuan

rupija
rupee

automat za novac
sikabea

mjenjačnica

baabi aa yɛsesa

zlato

sikakɔkɔɔ

srebro

dwetɛ

nafta

ngo

energija

ahoɔden

cijena

ne boɔ

ugovor

nteaseɛ a ɛwɔ krataa so

porez

ɛtoɔ

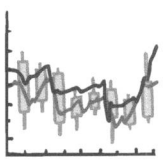

dionica

stock

raditi

yɛ adwuma

službenik

odwumayɛni

poslodavac

obi a wafa obi adwumamu

tvornica

afidihyehyɛbea

prodavaonica

beaɛ a wɔtɔn adeɛ

zanimanja
nnwuma ahodoɔ

policajac / polisini

vatrogasac / gyadumni

kuhar / obi a wɔnoa aduane

liječnik / dɔkota

pilot / obi a wɔtwi ewiemhyɛn

vrtlar
kuani

stolar
nnuaseni

krojačica
ɔbaa a wɔpam adeɛ

sudija
otɛnmuani

kemičar
dufrani

glumac
siniyifoɔ

zanimanja - nnwuma ahodcɔ

vozač autobusa

hyɛnkani

vozač taksija

taxi drɔba

ribar

ɔfarifo

čistačica

ɔbaa wɔpopa beaɛ

krovopokrivač

obi a wɔbɔ dan so

konobar

barima a wɔsom wɔ beaɛ a wɔtɔn aduane

lovac

ɔbɔmɔfo

slikar

obi wɔde akaado keka ɛden ne nnɔɔma aka ho

pekar

brodotofo

električar

obi a wɔyɛ nkaneɛ ho adwuma

građevinski radnik

dansifo

inženjer

obi a wɔyɛ mfidie akɛseɛ ho adwuma

mesar

namtɔnfo

limar

obi a wɔhyehyɛ drobɛn a nsuo fa mu

poštar

obi a wɔde nkrataa a amanfoɔ atwerɛ soma no

zanimanja - nnwuma ahodoɔ

vojnik
ɔsrani

arhitekta
obi a wɔyɛ adansie ho adwuma

blagajnik
obi a wɔhwɛ sika so

cvjećar
obi a wɔtɔn nhwiren

frizer
obi a wɔyɛ tire

kondukter
deɛ wɔgyegye sika wɔ ɛhyɛn mu

mehaničar
obi a wɔsiesie ɛhyɛn

kapetan
panin

zubar
dɔkota a wɔhwɛ se

znanstvenik
abodeɛmu nyasapɛni

rabi
ɔkyerɛkyerɛni

imam
imam

monah
monk

svećenik
sofo

zanimanja - nnwuma ahodoɔ

alati
akadeɛ

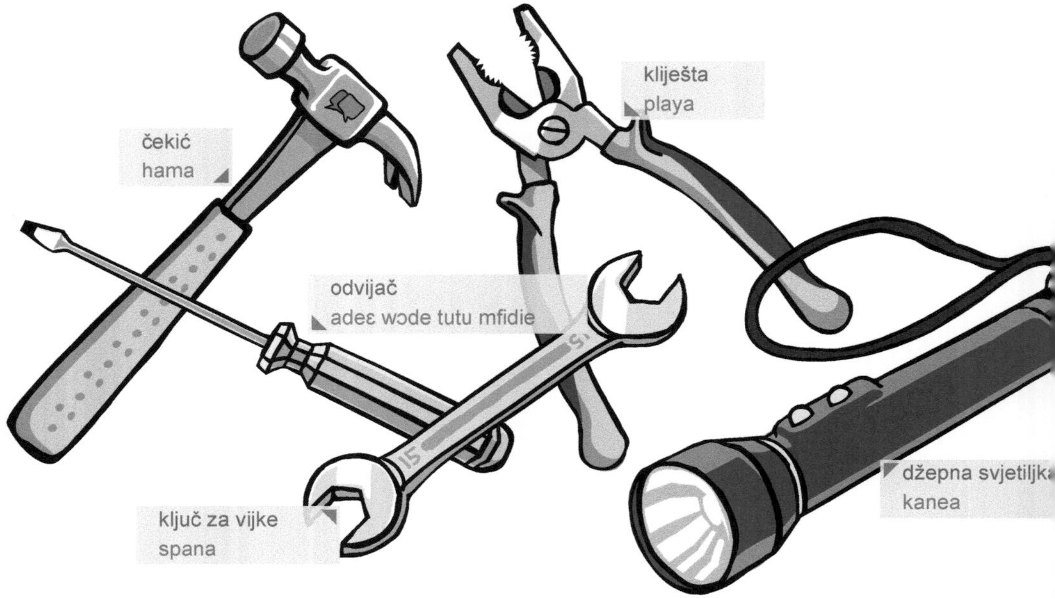

čekić
hama

kliješta
playa

odvijač
adeɛ wɔde tutu mfidie

ključ za vijke
spana

džepna svjetiljka
kanea

rovokopač
afidie a wɔde tu fam

kutija za alat
adaka a wɔde nnɔɔma a wɔde yɛ adwuma gu mu

ljestve
atwedeɛ

pila
sradaa

ekser
nnadowa

bušilica
afidie a wɔde mmia nnɔɔma mu

alati - akadeɛ

popraviti
siesie

lopata
sofi

Sranje!
Yieee!

lopatica
asesa nwura

lonac za boju
akaado kora

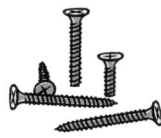
vijci
dadeɛ wɔde bobɔ nnooma mu

glazbeni instrument
mfidie a wɔde bɔ nnwom

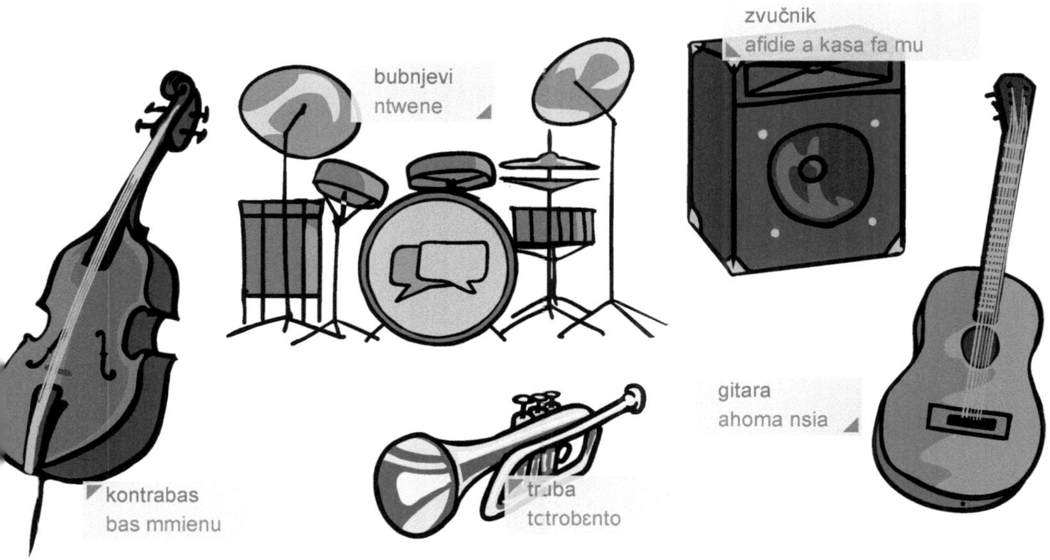

zvučnik
afidie a kasa fa mu

bubnjevi
ntwene

gitara
ahoma nsia

kontrabas
bas mmienu

truba
tɛtrobɛnto

klavir	violina	bas
sankuo	sankuo	ahoma nsia

timpani	udaraljke za bubnjeve	keyboard
timpani	ntwene	sankuo

saksofon	flauta	mikrofon
sasofon	trobɛnto	akasanoma

glazbeni instrument - mfidie a wɔde bɔ nnwom

zoološki vrt
mmoakurabea

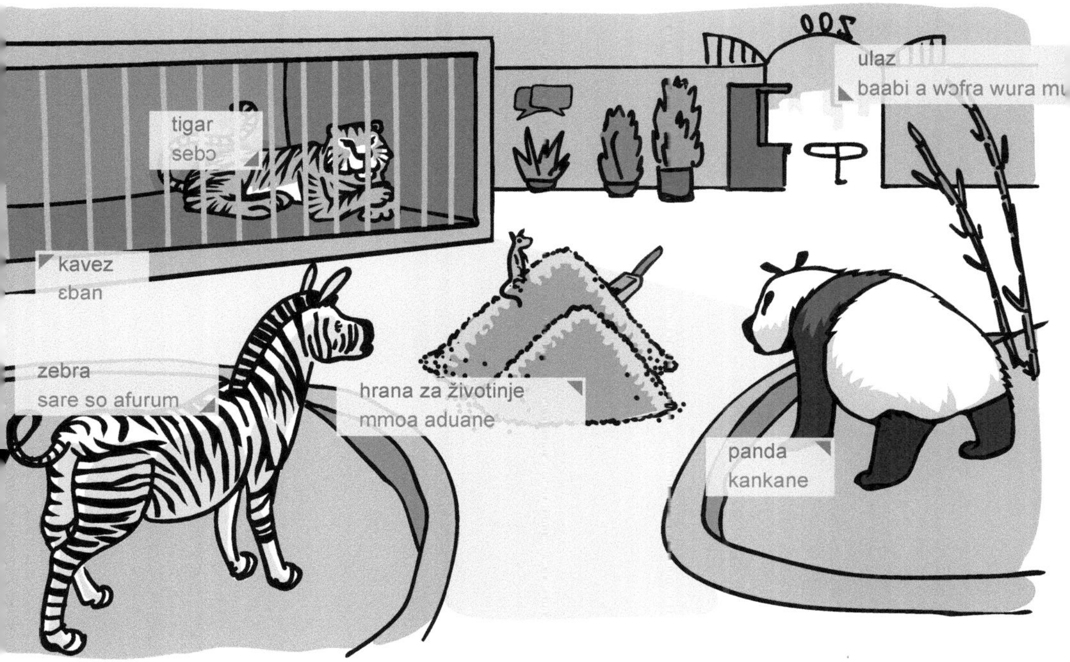

ulaz
baabi a wɔfra wura mu

tigar
sebɔ

kavez
ɛban

zebra
sare so afurum

hrana za životinje
mmoa aduane

panda
kankane

životinje
mmoa

slon
ɔsono

kengur
kangaroo

nosorog
bɛnkorɔ

gorila
akaatia

medvjed
sisire

kamila
yoma

noj
sohori

lav
gyata

majmun
kontromfi

flamingo
asukɔnkɔn

papagaj
ako

polarni medvjed
sisire

pingvin
penguin

ajkula
oboodede

paun
kohaa

zmija
ɔwɔ

krokodil
dɛnkyɛm

čuvar u zoološkom vrtu
mmoasohwɛfo

tuljan
sukraman

jaguar
sebɔ

zoološki vrt - mmoakurabea

poni

pɔnkɔ ketewa

leopard

etwie

nilski konj

susono

žirafa

kɔntenten

orao

ɔkɔdeɛ

divlja svinja

kɔkɔte

riba

nsuomunam

kornjača

sudanda

morž

sukraman

lisica

sakraman

gazela

adowa

zoološki vrt - mmoakurabea

šport
agokansie

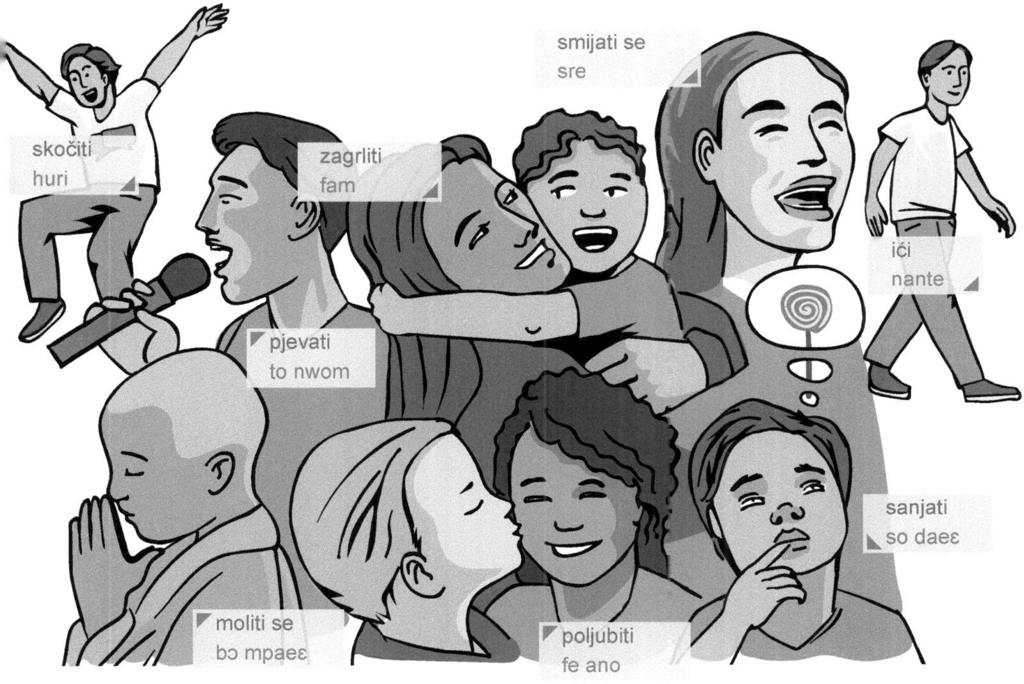

aktivnosti
dwumadie ahodoɔ

- skočiti / huri
- smijati se / sre
- zagrliti / fam
- ići / nante
- pjevati / to nwom
- sanjati / so daeɛ
- moliti se / bɔ mpaeɛ
- poljubiti / fe ano

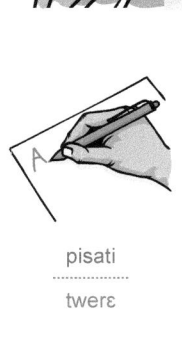

pisati
twerɛ

crtati
dwidwi

pokazati
kyerɛ

gurati
pia

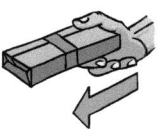

dati
ma

uzeti
fa

imati
gye

činiti
yɛ

biti
yɛ

stojati
gyina

trčati
tu mirika

povlačiti
twe

baciti
to

padati
tɔ fam

ležati
twa ntorɔ

čekati
twɛn

nositi
soa

sjediti
tena ase

oblačiti
hyɛ atadeɛ

spavati
da

probuditi se
sɔre

aktivnosti - dwumadie ahodoɔ

gledati
hwɛ

plakati
su

milovati
fa wo nsa fefa ho

češljati
nunu wotirim

govoriti
kasa

razumjeti
te aseɛ

pitati
bisa

slušati
tie

piti
nom

jesti
didi

pospremiti
siesie

voljeti
dɔ

kuhati
noa

voziti
ka kaa

letjeti
tu

aktivnosti - dwumadie ahodoɔ

ploviti
ka

računati
bo ho nkonta

čitati
kan

učiti
sua

raditi
yɛ adwuma

vjenčati se
ware

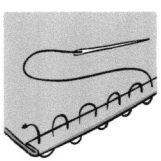
šiti
pam

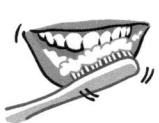
prati zube
twitwi wo se

ubiti
kum

pušiti
hye

poslati
soma

obitelj
abusua

baka / nanabaa

djed / nana barima

otac / papa

majka / maame

beba / abɔfra

kćerka / babaa

sin / babarima

gost
ɔhɔhoɔ

tetka
sewaa

ujak, stric
wɔfa

brat
nua barima

sestra
nuabaa

obitelj - abusua

tijelo
nipadua

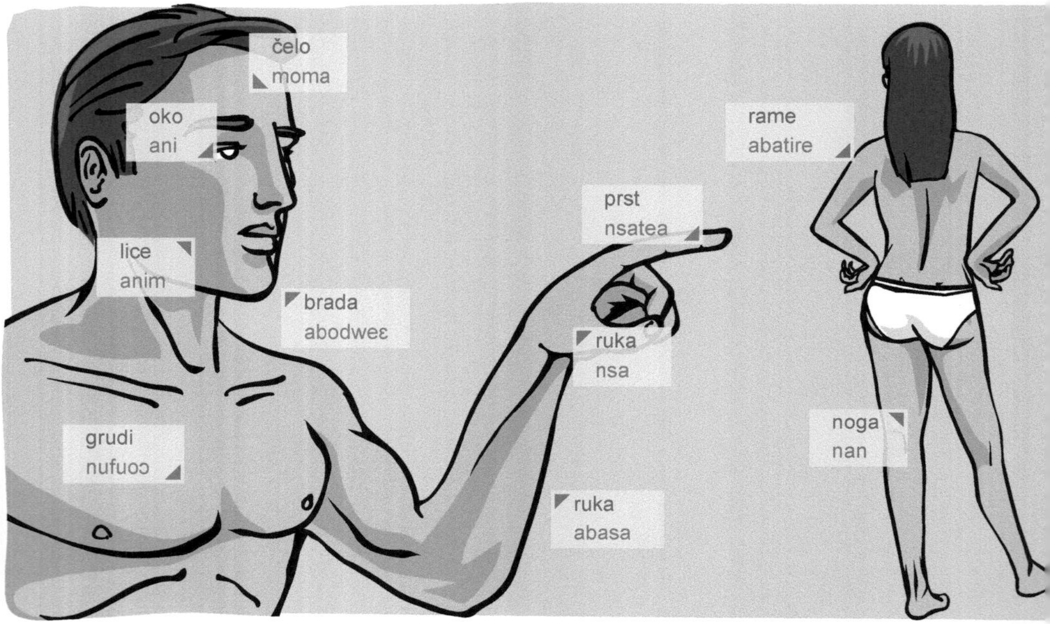

- čelo / moma
- oko / ani
- lice / anim
- brada / abodwɛ
- grudi / nufuɔ
- rame / abatire
- prst / nsatea
- ruka / nsa
- ruka / abasa
- noga / nan

beba
abɔfra

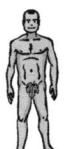
muškarac
barima

žena
ɔbaa

djevojčica
abaayewa

dječak
abarimaa

glava
ɛtire

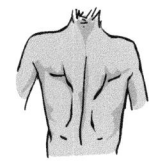

leđa
akyi

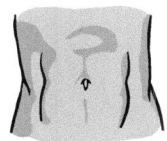

trbuh
yafunu

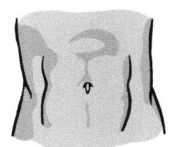

pupak
furuma

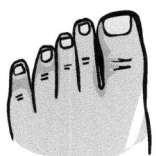

nožni prst
nansoa

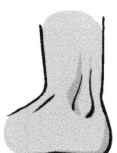

peta
nantini

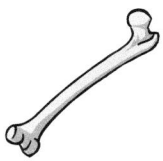

kost
dompe

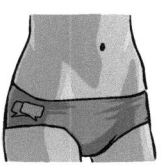

kuk
sisi

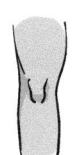

koljeno
kotodwe

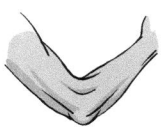

lakat
abatwerɛ

nos
hwene

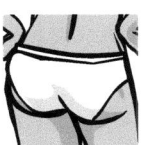

stražnjica
ɛtoɔ

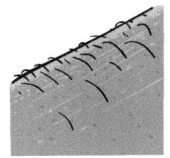

koža
wedeɛ

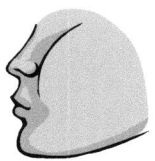

obraz
afono

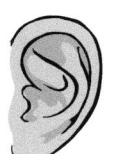

uho
aso

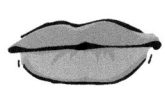

usna
ano

tijelo - nipadua

usta
ano

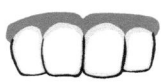
zub
ɛse

jezik
tɛkyerɛma

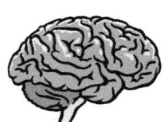
mozak
adwene

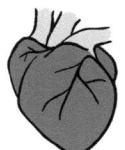
srce
akoma

mišić
honam

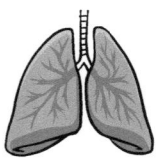
pluća
ahrawa

jetra
brɛboɔ

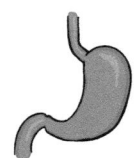
želudac
afuro

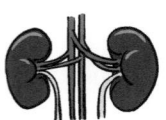
bubrezi
sawa

snošaj
barima ne ɔbaa nna mu nhyiamu

kondom
kɔndɔm

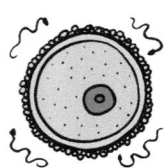
jajna stanica
nkosua a ɛwɔ obaa mu

sperma
barima ho nsuo

trudnoća
nyinsɛn

tijelo - nipadua

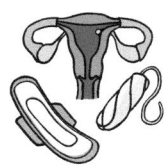
menstruacija
brayɔ

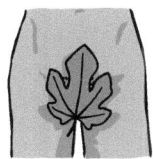
vagina
ɛtwɛ

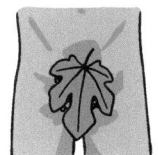
penis
kɔteɛ

obrva
aniakyi nwii

kosa
nwii

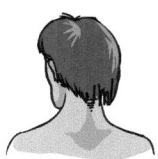
vrat
kɔn

tijelo - nipadua

bolnica
asopiti

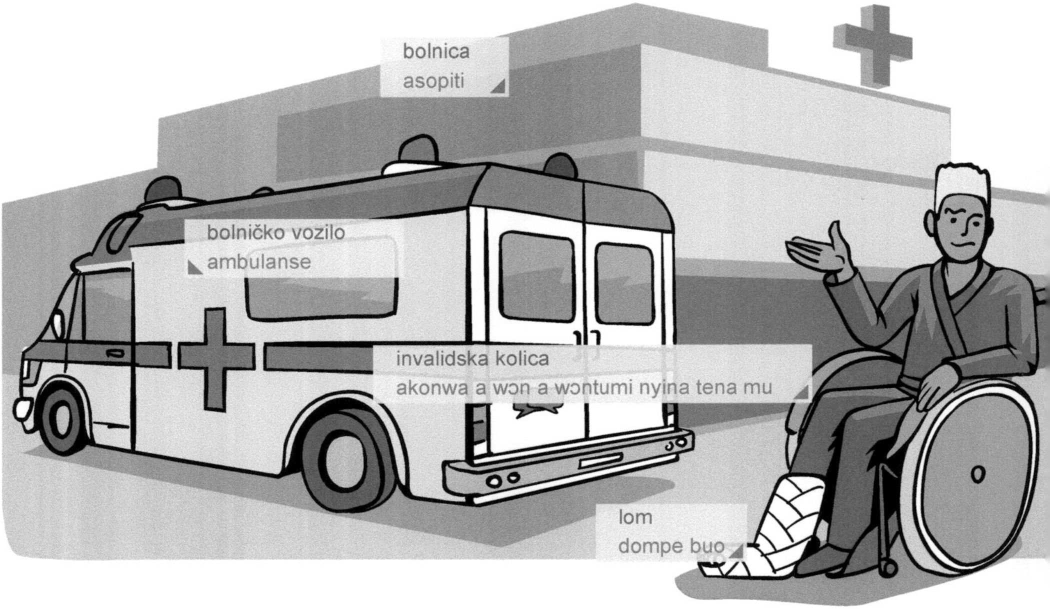

bolnica
asopiti

bolničko vozilo
ambulanse

invalidska kolica
akonwa a wɔn a wɔntumi nyina tena mu

lom
dompe buo

liječnik

dɔkota

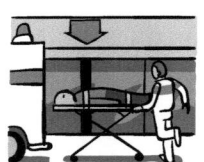

hitna medicinska služba

ɛdan a wɔde wɔn a wɔn
apira kɔ mu kɔhwɛ wɔn
ɔhare so

medicinska sestra

nɛɛse

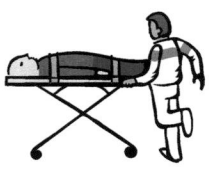

hitni slučaj

putupru

nesvijest

fenti

bol

yaw

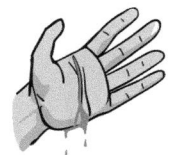

ozljeda
pira

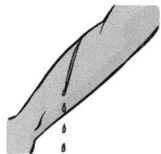

krvarenje
mogyatuo

srćani infarkt
akoma yareɛ

moždani udar
nwodwoɔ yareɛ

alergija
adeɛ wo honam mpɛ

kašalj
ɛwa

groznica
ahoɔhyeɛ

gripa
papu

proljev
ayɛmhwie

glavobolja
tiripayɛ

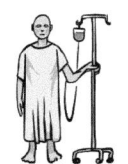

rak
kokoram

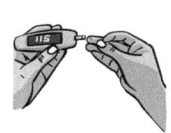

dijabetes
asikyire yareɛ

kirurg
dɔkotani wɔpaepae obi sa no yareɛ

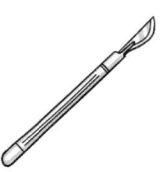

skalpel
sekamma

operacija
repaepae obi ho asa no yareɛ

bolnica - asopiti

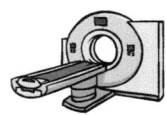

ct
CT

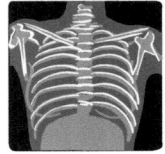

rentgen
x-ray

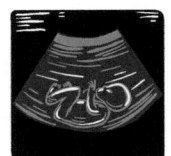

ultrazvuk
mfonin a wɔtwa de hwɛ awodeɛ mu

maska
anim nkatadeɛ

bolest
yareɛ

čekaonica
dan aa yɛtwɛn wɔ mu

štaka
klɔkye

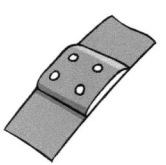

flaster
plasta

zavoj
bandege

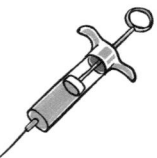

injekcija
paneɛ

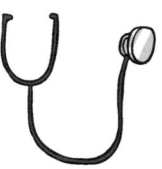

stetoskop
afidie a wɔde tie dede wɔ nnipa ho

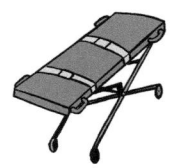

nosilo
mpa

termometar
afidie wɔde hwɛ ahoɔhyeɛ

rođenje
awoɔ

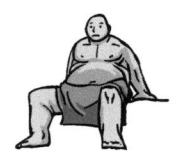

prekomjerna težina
kɛseyɛ mmorosoɔ

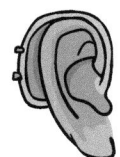

slušni aparat

afidie a ɛboa ma obi te asɛm yie

sredstvo za dezinfekciju

aduro a wɔde ko tia yaremmoa bateria

infekcija

yareɛ nsaeɛ

virus

yaremmoawa

hiv / sida

HIV / AIDS

medicina

aduro

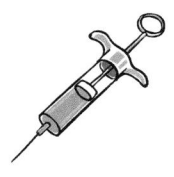

vakcinacija

nsianoaduru panɛɛwɔ

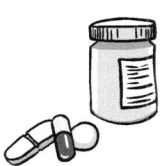

tablete

nnuro a wɔmene

pilula

aduro a wɔmene

poziv u pomoć

putupru frɛ

uređaj za mjerenje tlaka

afidie a wɔde hwɛ sɛdeɛ mogya di aforosane

bolesno / zdravo

yareɛ / ahuɔden

bolnica - asopiti

hitni slučaj
putupru

pomoć!	 alarm	 nasrtaj
Boa me!	alam	repira obi
 napad	 opasnost	 izlaz za nuždu
to hyɛ biribi so	amaneɛ	kwan a wɔfa so pue berɛ asɛm asi putupuru
požar!	 vatrogasni aparat	 nezgoda
Egya!	adeɛ a wɔde dum gya	akwanhyia
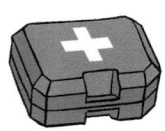 kofer prve pomoći	 sos	 policija
mmoa a edikan akadeɛ	SOS	polisi

zemlja
Ewiase

Europa
Europe

sjeverna amerika
North America

južna amerika
South America

Afrika
Africa

Azija
Asia

Australija
Australia

Atlantik
Atlantic

Pacifik
Pacific

ocean
Indian Ocean

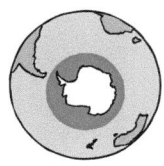

antarktički ocean
Antartic Ocean

arktički ocean
Arctic Ocean

sjeverni pol
North Pole

| južni pol | Antarktik | zemlja |
| South Pole | Atartica | Ewiase |

| zemlja | more | otok |
| asaase | ɛpo | ɛpoano |

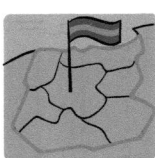 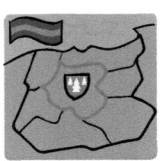

| nacija | država |
| ɔman | ɔman |

sat
mmerɛ kyerɛfoɔ

brojčanik sata
mmerɛ kyerɛfoɔ no anim

satna kazaljka
dɔnhwere nsa

minutna kazaljka
sima nsa

sekundna kazaljka
anitɛtɛ nsa

Koliko je sati?
Abɔ sɛn?

dan
da

vrijeme
mmerɛ

sada
seisei ara

digitalni sat
abɛɛfo mmerɛ kyerɛfoɔ

minuta
sima

sat
dɔnhwere

tjedan
nnawɔtwe

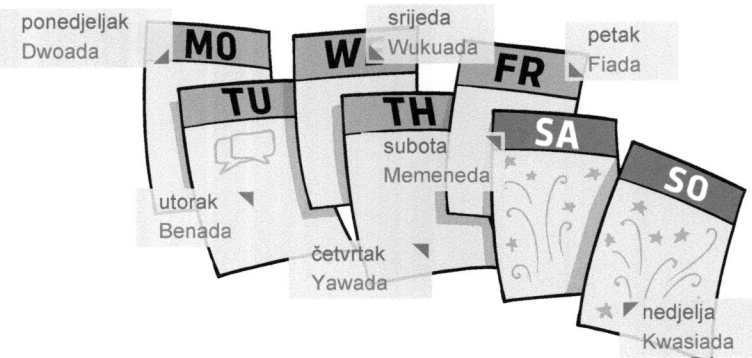

ponedjeljak
Dwoada

srijeda
Wukuada

petak
Fiada

utorak
Benada

četvrtak
Yawada

subota
Memeneda

nedjelja
Kwasiada

jučer

ɛnora

danas

nnɛ

sutra

ɔkyena

jutro

anɔpa

podne

awia

večer

anwummerɛ

radni dani

adwuma nna

vikend

nnawɔtwe awieɛ

godina
afe

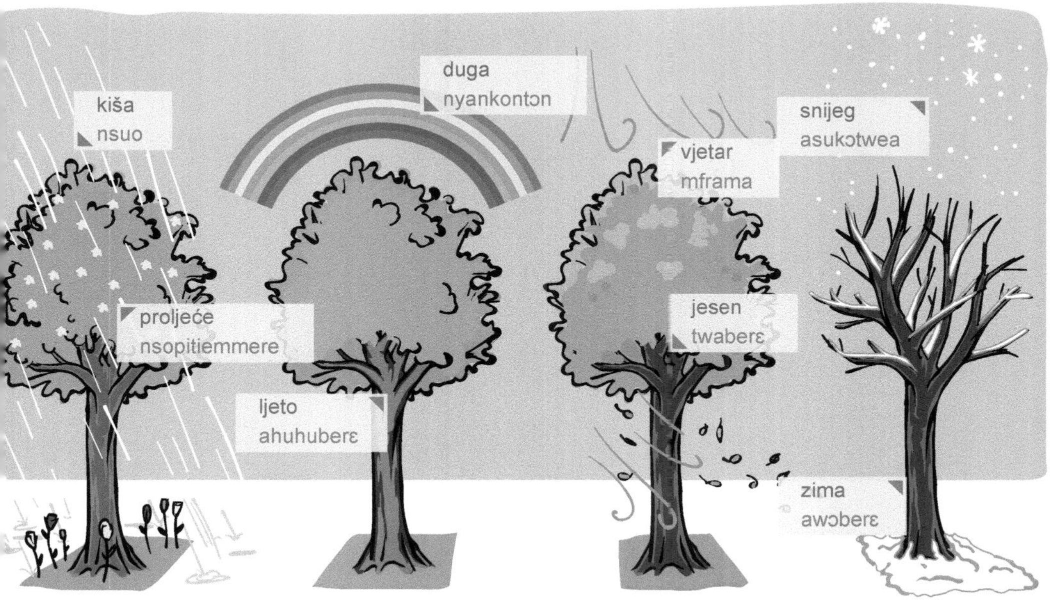

kiša
nsuo
duga
nyankontɔn
snijeg
asukɔtwea
vjetar
mframa
proljeće
nsopitiemmere
jesen
twaberɛ
ljeto
ahuhuberɛ
zima
awɔberɛ

4.APRIL 11°
5.APRIL 4°
6.APRIL 13°
7.APRIL 8°
8.APRIL 10°

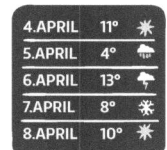

meteorološka prognoza

ewiemu nsesaeɛ

F C
120 40
90 30
60 20
30 10
0 0
-30 -10
-20

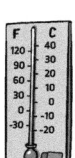

termometar

afidie a wɔde hwɛ ahoɔhyeɛ

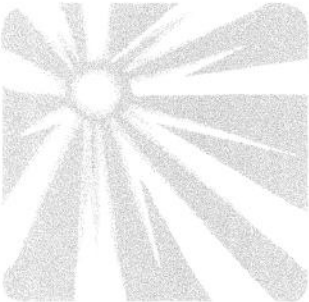

sunčana svjetlost

awiabɔ

oblak

munumkum

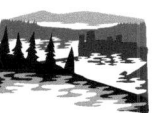

magla

ɛbɔ

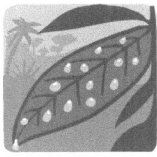

vlažnost zraka

nsuo a ɛwɔ mframa mu

munja
ayerɛmo

grmljavina
agradaa

oluja
nsuden ne mframa

tuča
sukɔtwea

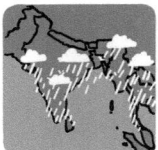
monsun
mframa a ɛde nsuo ba

poplava
nsuyiri

led
asukɔtwea

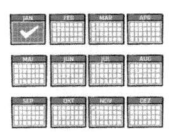
siječanj
ɔpɛpɔn

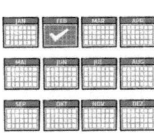
veljača
ɔgyefoɔ

ožujak
ɔbɛnem

travanj
Oforisuo

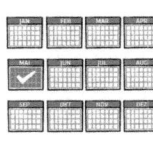
svibanj
Kotonimaa

lipanj
Ayɛwohumumɔ

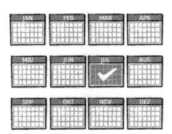
srpanj
Kitawonsa

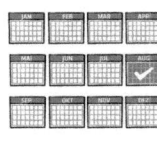
kolovoz
ɔsanaa

godina - afe

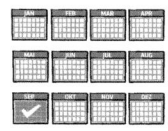
rujan
ɛbɔ

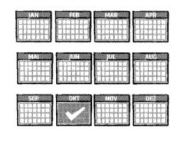
listopad
Ahinime

studeni
Obubuo

prosinac
☐pɛnimaa

oblici
bɔbea

krug
kanko

kvadrat
ahenanan

pravokutnik
fasene

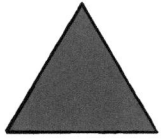
trokut
ahinasa

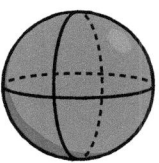
kugla
kanko

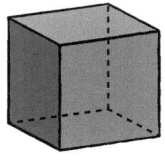
kocka
ahenanan

boje
ahosuo

bijela
fitaa

žuta
akokɔsradeɛ

narančasta
akokɔsradeɛ

ružičasta
memen

crvena
kɔkɔɔ

ljubičasta
beredum

plava
bibire

zelena
ahabanmono

smeđa
dodoeɛ

siva
nson

crna
tuntum

suprotnosti
abirabɔ

mnogo / malo

bebree / ketewa

ljutito / mirno

abufuo / brɛo

lijepo / ružno

fɛfɛɛfɛ / tantantan

početak / kraj

ahyɛasee / awieɛ

veliko / maleno

kɛseɛ / ketewa

svijetlo / tamno

ɛhyerɛ / ɛdum

brat / sestra

nua barima / nuabaa

čisto / prljavo

ɛho te / ɛfi

potpuno / nepotpuno

wawie / onwieeyɛ

dan / noć

anopa / anadwo

mrtvo / živo

wawu / ɔtease

široko / usko

emu bue/emu mmueɛ

jestivo / nejestivo

yetumi di / yentumi nni

zlo / dobro

bɔne / papa

uzbuđeno / dosadno

anigyeɛ / w'ani nka

debelo / mršavo

kɛseɛ / hwea

na početku / na kraju

di kan / ka akyi

prijatelj / neprijatelj

adanfo / atanfo

puno / prazno

ayɛ ma / hwee nnimu

tvrdo / mekano

dendenden / mrɛmrɛmrɛ

teško / lagano

emu ye duru / emu yɛ ha

glad / žeđ

ɛkɔm / nsukɔm

bolesno / zdravo

yareɛ / ahuɔden

ilegalno / legalno

ɛnfa mmrakwanso /
mmrakwanso

pametno / glupo

nimdifo / gyimifo

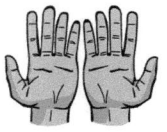

lijevo / desno

benkum / nifa

blizu / daleko

ɛbɛn / ɛmu ware

novo / rabljeno
foforo / dada

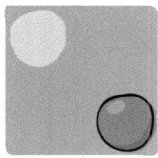

ništa / nešto
ɛnyɛ hwee / biribi

staro / mlado
panyin / abɔfra

uključeno / isključeno
sɔ / dum

otvoreno / zatvoreno
bue / yatom

tiho / glasno
dinn / dede

bogato / siromašno
sikani / ohiani

točno / pogrešno
papa / bɔne

hrapavo / glatko
wewerɛwewerɛ / tromtrom

tužno / sretno
awerehoɔ / anigye

kratko / dugo
tiatia / tentene

polako / brzo
brɛoo / ntɛm

mokro / suho
afɔ / awo

toplo / hladno
ɛyɛ hye / adwo

rat / mir
ntɔkwa / asomdwoe

suprotnosti - abirabɔ

brojevi
nɔma

0 nula / ohunu

1 jedan / baako

2 dva / mmienu

3 tri / mmiensa

4 četiri / nan

5 pet / num

6 šest / nsia

7 sedam / nson

8 osam / nwɔtwe

9 devet / nkron

10 deset / du

11 jedanaest / du-baako

12
dvanaest
du-mmienu

13
trinaest
du-mmiensa

14
četrnaest
du-nan

15
petnaest
du-num

16
šestnaest
du-nsia

17
sedamnaest
du-nson

18
osamnaest
du-nwɔtwe

19
devetnaest
du-nkron

20
dvadeset
aduonu

100
stotinu
ɔha

1.000
tisuću
apem

1.000.000
milijun
ɔpepe

brojevi - nɔma

jezici
kasa ahodoɔ

engleski
Brofo kasa

američko engleski
Amerika Brɔfo

kinesko mandarinski
Chinese Mandarin

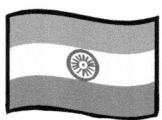

hindi
Hindi

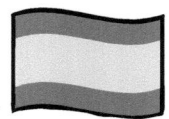

španjolski
Spanish

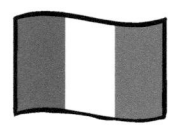

francuski
French

arapski
Arabic

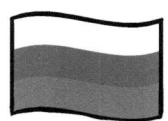

ruski
Russian

portugalski
Portuguese

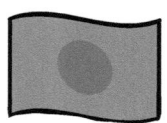

bengalski
Bengali

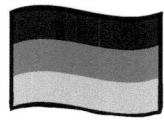

njemački
German

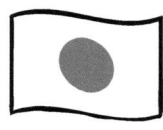

japanski
Japanese

tko / što / kako
hwan/aden/ sɛn

ja
me

ti
wo

on / ona / ono
ɔno

mi
yɛn

vi
wo

oni
wɔn

tko?
hwan?

što?
aden?

kako?
sɛn?

gdje?
ɛhefa?

kada?
dabɛn?

ime
din

gdje
hefa

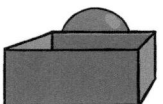

iza

n'akyi

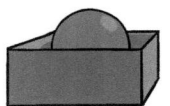

u

ɛmu

ispred

wɔ n'anim

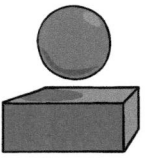

preko

soro

na

so

ispod

aseɛ

pored

nkyene

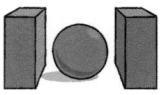

između

ntam

mjesto

fa hyɛ